CABALLETE

Alma Flor Ada
F. Isabel Campoy

ALFAGUARA

INFANTIL Y JUVENIL

Art Director: Felipe Dávalos
Design: Arroyo+Cerda S.C.
Editor: Norman Duarte

Santillana USA Publishing Company, Inc.
2105 NW 86th Avenue
Miami, FL 33122

Art C: *Caballete*

ISBN: 1-58105-421-1

Printed in Mexico

A nuestros padres, Modesto y Diego,
que le dieron nombre a las cosas.

Ser quien es

Qué hermoso ser
quien uno es.
Mirarse bien a los ojos,
viendo al sol en el corazón
y al orgullo pintarlo
poquito a poco.

Qué hermoso verse
como uno es.
¡Qué gozo!

Luz resplandeciente,
de Maya Christina González.

C on una pluma
y un tintero
un artista puede pintar
al mundo entero.

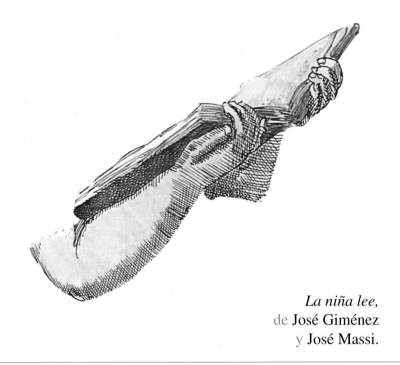

La niña lee,
de **José Giménez**
y **José Massi**.

Miro,
pienso,
entiendo.
Me gusta leer.

Óleo es pintura,
cartulina es papel.
Con ellos hacemos cuadros
que colgamos en la pared.

Don Frito Tortilla, Doña Clara de la Yema y Cascarita,
de Raymond Ezra.

Dibujas,
pintas,
adornas.
Te gusta jugar a crear.

Lápiz, brocha, papel
para pintar una cabra
mirando al cielo
tras la cerca color de miel.

Cabra mirando al cielo,
de **Francisco Álvarez.**

Piensa,
imagina,
sueña.
Te gusta jugar a inventar.

45/50   F. ALVAREZ

Toreros y tradiciones,
vestidos hermosos,
música y canciones:
tarde de fiesta.

Escena familiar,
de **Fernando Botero**.

Hacemos obras de arte
en los trajes,
en los zapatos.
El artesano
también es un artista.

P aisaje a lo lejos
y en la sierra, lobos.
Aquí cerca en la aldea,
un globo.

El globo,
de **Ramón Cano.**

🎸 Ayudan,
    se ríen,
    juegan.
Sueñan llegar a volar.

Miras y miras

y aunque miras

no sabes bien lo que es.

Como el amor y la risa,

que se sienten y no se ven.

La lección de esquí,
de Joan Miró.

Prueban,

caen,

y lo vuelven a intentar.

¡A todos les gusta esquiar!

En el cielo una luna
y mil estrellas,
y un avión
que ¡casi, casi se estrella!

Accidente,
de **Rodolfo Morales.**

Con papel y unas tijeras
salen corazones, caras
y pinturas enteras.

Los girasoles giran y giran.
Se vuelven para mirar
cómo se lavan el pelo
dos mujeres: aquí están.

Los girasoles piden al cielo
pétalos largos y negros
para poderlos lavar.

Dos mujeres,
de **Simón Silva.**

Alegría y pincel
crean flores
color de miel.

Un retrato pinta el pintor
y pintando la pinta a ella
bajo el árbol
donde la conoció.

La niña y el framboyán,
de Antonio Martorell.

Un retrato
nos da una cara
y en ella,
su corazón.

Un retrato de familia,
la familia de un rey,
hecho por un gran artista,
usando tela, óleo y pincel.

La familia de Carlos IV,
de Francisco de Goya.

Haz tú un retrato de familia.
La tuya es también la de un rey
o una reina, según seas ella o él.

❧ MAYA CHRISTINA GONZÁLEZ

Nació en Lancaster, California, en 1964. Es pintora, artista gráfica e ilustradora de libros infantiles. Colabora con varias revistas internacionales y sus cuadros están repartidos en colecciones privadas. Vive en San Francisco.

Luz resplandeciente

❧ Al pintarse a sí misma, la artista quizo mostrar la luz que sale de su corazón. Para lucir bien adornó su pelo con lápices y pinceles. Es un cuadro *expresionista*, lleno de color.

❧ JOSÉ GIMÉNEZ

Este dibujante y grabador español del siglo XIX ilustró muchos libros infantiles, de folclore, lectura y carteles. Su medio preferido era la pluma y tinta, con el que conseguía escenas *realistas*.

La niña lee

❧ La serenidad captada en el dibujo invita a la lectura. Los ojos del espectador quieren leer el libro y saber más del ambiente en el que se encuentra la lectora. La sencillez del blanco, invita a más. Es un dibujo grabado en madera.

✎ RAYMOND EZRA

Pintor español que refleja la vida a su alrededor con el encanto de la inocencia y la alegría de la amistad hacia el paisaje y la gente de su pueblo, Medinacelli, en la provincia de Soria, España.

Don Frito Tortilla, Doña Clara de la Yema y Cascarita

✎ Estos tres personajes son la recreación caricaturesca de tres personas de cualquier pueblo. Al fondo, un paisaje distinto pero similar. El detalle con el que este pintor cubre todo el espacio de su pintura nos lleva hasta ese lugar y nos motiva a querer saber más sobre sus personajes. Están hechos con un estilo *expresionista*.

✎ FRANCISCO ÁLVAREZ

Este gran artista español utiliza varios medios para expresar su creatividad: pinta al óleo, crea serigrafías e ilustra libros. La originalidad de su imaginación es estimulante. Vive en Madrid. Su esposa, Viví Escrivá, y sus hijas, Ana y Sandra López Escrivá, son igualmente famosas pintoras.

Cabra mirando al cielo

✎ Una cerca encierra a esta cabra en el corral de sus dueños, pero sus ojos están abiertos al cielo y a la imaginación.

Es un grabado en agua fuerte y agua tinta, de estilo *expresionista*.

✒ FERNANDO BOTERO

Nació en Medellín, Colombia, en 1932. Desde muy joven se inició en el estudio de los pintores clásicos. Estudió en España, Italia y Francia. Muchas de sus pinturas son estudios de cuadros famosos, como su *Mona Lisa*. La monumentalidad es la carcterística más notable de su obra, tanto en pintura como en escultura. Es conocido en el mundo entero.

Escena familiar

✒ La antigua tradición de las corridas de toros se mantien aún en España y algunos países latinoamericanos. Óleo sobre lienzo.

✒ RAMÓN CANO

Nació en México en 1888. Perteneció a la escuela de pintores *neoimpresionistas*. Su interés se centraba en reflejar al pueblo, sus costumbres y su vida diaria. Llegó a ser director de la Academia de Arte al Aire Libre de Coyoacán. Murió en 1974.

El globo

✒ Como miembro de la escuela de pintores al aire libre, Ramón plantaba su caballete cerca de los parques, en las calles de su ciudad, y pintaba aquello que estaba ocurriendo. En esta tarde de domingo, la gente admira cómo un globo inicia su vuelo. Es una pintura *neoimpresionista*.

🔹 Joan Miró

Nació en Cataluña, España, en 1893. Estudió en las escuelas de Bellas Artes de Barcelona y viajó a París, donde conoció los nuevos estilos que rompían con el pasado realista. Enamorado del color, crea con manchas y líneas que las unen atmósferas llenas de inocencia y poesía.

La lección de esquí

🔹 El cuadro se va poblando de esferas, cuadrados y rectángulos de color unidos por trazos negros y signos. Todo queda a la imaginación. El título que elige el artista nos conduce hacia el fondo blanco. Esta pintura *surrealista* invita a disfrutar del color sin forma.

🔹 Rodolfo Morales

Nació en Oaxaca, México, en 1925, donde creció rodeado de los colores del campo, del colorido de los vestidos de las mujeres en días de fiesta, del papel picado. Los contrastes se mezclan en sus composiciones, combinando diferentes materiales en sus colages, con capas de pintura y dibujo superpuestas.

Accidente

🔹 Rodolfo Morales describe este cuadro contando cómo un día un piloto de los Estados Unidos hizo un aterrizaje forzoso detrás del cementerio de su pueblo. Fue un gran acontecimiento. El pintor aparece en la esquina izquierda. Es una pintura *expresionista*.

SIMÓN SILVA

Nació en 1962 en Mexicali, México, y creció en Hotville, California. Desde la niñez sintió pasión por reproducir el color de los campos donde trabajaban él y su familia. Probó sus colores en cuanto papel llegaba a sus manos. Autodidacta, su pintura refleja la vida y cultura latinas con orgullo y profundo respeto a sus raíces.

Dos mujeres

El girasol baila alrededor del sol y se inclina al caer la tarde, esperando el nuevo día. Dos mujeres campesinas se inclinan a lavar el pelo después de un día de trabajo bajo el sol. La luz baña cada rincón del cuadro. Es una pintura *expresionista*.

ANTONIO MARTORELL

Es uno de los artistas puertorriqueños más conocidos. Ha hecho exposiciones individuales y colectivas internacionales. La versatilidad de su obra abarca un amplio registro de medios artísticos. Es colaborador frecuente en representaciones de teatro, cine, danza y poesía.

La niña y el framboyán

El perfil del framboyán crea el marco para la cara de una niña que, sentada bajo sus ramas, recuerda su pasado. Un pasado que nos cuenta a través de sus ojos. Este dibujo fue creado para la cubierta del libro de relatos de infancia *Allá donde crecen los framboyanes*, de Alma Flor Ada. Es una pintura *expresionista*.

FRANCISCO DE GOYA

Nació en Zaragoza, España, en 1746. Fue pintor de la corte de Carlos IV, pero también reflejó en sus cuadros las costumbres y la vida del Madrid de su época. Por la variedad de su obra, su sentido del color y cuidado del detalle, se le considera uno de los grandes de la pintura española. Murió en 1828.

La familia de Carlos IV

Una obra *realista*, de exquisito culto al detalle: las ropas, los gestos de la cara, la composición. Es uno de los cuadros más famosos de la pintura española. Aquí aparece el rey Carlos IV rodeado de toda su familia.

ACKNOWLEDGEMENTS

Cover; page 21 / Simón Silva, *Dos mujeres.* Copyright © 1991 Simón Silva. Reproduction authorized by Simón Silva and BookStop Literary Agency.

Page 5 / Maya Christina González, *Shining Light.* Copyright © 1997 Maya Christina González. From *Just Like Me,* edited by Harriet Rohmer. Children´s Book Press, San Francisco, CA. Reproduction authorized by the publisher.

Page 7 / *La niña lee,* drawing by José Giménez, engraving by José Massi del Castillo. From *Libro de estampas: Almanaque de los niños 1800-1892* by Ana Pelegrín. Comunidad de Madrid, Consejería de Educación, Dirección General de Educación / Madrid, Spain, 1989. Reproduction authorized by Ana Pelegrín.

Page 9 / Raymond Ezra, *Don Frito Tortilla, Doña Clara de la Yema y Cascarita.* Copyright © Raymond Ezra. Reproduction authorized by the artist.

Page 11 / Francisco Álvarez, *Cabra mirando al cielo.* Copyright © Francisco Álvarez. Reproduction authorized by the artist.

Page 13 / Fernando Botero, *Escena familiar.* Copyright © Fernando Botero, Escena Familiar, 1985, courtesy of Marlborough Gallery, New York.

Page 15 / Ramón Cano, *El globo.* Copyright © 2000 Consejo Nacional para la Cultura y las Artes / Instituto Nacional de Bellas Artes y Literatura / Museo Nacional de Arte / Mexico. Reproduction authorized by the Museo Nacional de Arte.

Page 17 / Joan Miró, *La lección de esquí,* 1966. Copyright © 2000 Artists Rights Society (ARS), New York / ADAGP, Paris, and Museo de Arte Contemporáneo de Caracas Sofía Imber. Reproduction authorized by ARS and the Museo de Arte Contemporáneo de Caracas.

Page 19 / Rodolfo Morales, *Accidente.* Copyright © 1997 Rodolfo Morales. From *Just Like Me,* edited by Harriet Rohmer. Children's Book Press, San Francisco, San Francisco, CA. Reproduction authorized by the publisher.

Page 23 / Antonio Martorell, *La niña y el framboyán.* From the collection of Alma Flor Ada.